Die Deutsche Bibliothek – CIP-Einheitsaufnahme

Ein Titeldatensatz für diese Publikation ist bei
Der Deutschen Bibliothek erhältlich.

© Claudius Verlag München 2002
Birkerstraße 22, 80636 München
www.claudius.de
Alle Rechte, auch die des auszugsweisen Nachdrucks,
der fotomechanischen und elektronischen Wiedergabe
sowie der Übersetzung, vorbehalten.
Umschlaggestaltung: Anne Halke, München, unter
Verwendung einer Zeichnung von Matthias Morgenroth
Druck: Karo Druck, Frangart, Italy

ISBN 3-532-62284-X

Matthias Morgenroth

# Der Kirchturmspitzenschatz
## Mit dem Sonntagskind durchs Jahr

Claudius

Das Sonntagskind schob leise die alte Tür auf. Vorsichtig schaute es sich um. Niemand hatte es gesehen. Wenn Türen, die sonst immer zugesperrt sind, plötzlich halb offen stehen, muss man die Gelegenheit beim Schopf packen! Also – nichts wie hinein! Das Sonntagskind schlüpfte durch die dunkle Öffnung. Vor sich sah es eine steinerne Treppe, die sich nach oben wand.

»Es ist die Tür zum alten Kirchturm«, sagte es zu sich und dachte an den riesigen Turm, der die Stadt überragte. »Und alle andern schlafen noch!« Das Sonntagskind war ein Mädchen, elf Jahre alt und sehr mutig, doch sollte es wirklich dort hoch schleichen?

Das Sonntagskind machte sich auf den Weg. Stufe um Stufe stieg es nach oben. Nach einundachtzig Stufen machte es eine kurze Pause und spähte durch eine kleine Luke nach draußen. Draußen lag verschlafen die Stadt im Morgengrau. Niemand hatte es bemerkt. Nach hundertzweiunddreißig Stufen kam das Sonntagskind an eine hölzerne Tür. Vorsichtig drückte es die alte eiserne Klinke herunter. Es klickte laut. Dann schob es die Tür knirschend auf.

Dahinter waren wieder Stufen, diesmal aus Holz. Der Staub lag dick auf den Balken und Brettern. Das Sonntagskind spürte ein Kitzeln in der Nase. Schnell weiter nach oben! Stufe für Stufe! Schnell und leise!

Nach der zweihundertvierundsiebzigsten Stufe endete die Treppe. Das Sonntagskind hob den Kopf. Über sich sah es drei riesige Glocken hängen wie schlafende Blumen. Ein großer Kasten mit vielen Zahnrädern stand im Raum und allerhand Schnüre und Stangen gingen von ihm aus. Vier Fenster öffneten den Blick in den weiten, kalten Morgenhimmel.

Noch einmal sah sich das Sonntagskind um, und dann vergaß es alles um sich herum, lief zum Fenster und sah in die weite Ferne, über die unzähligen Dächer und Schornsteine, über die Antennen und Bäume hinweg zur aufgehenden Sonne, die sich in den erwachenden Tag erhob.

»Ho ho ho, wen haben wir denn da?«, hörte es plötzlich eine Stimme und fuhr herum.

Niemand war zu sehen. Nur die Glocken hingen stumm im Turm, aber es war, als wehte ein feiner Luftzug durch den Raum.

»Hallo?«, flüsterte das Sonntagskind zaghaft in die staubige Luft. »Wer hat da gerade was gefragt?«

»Wer hat da wohl gerade was gefragt? Ich habe gerade was gefragt«, war wieder die Stimme von nirgendwo zu hören. »Schau nach oben!«

Das Sonntagskind sah nach oben, aber da war niemand.

»Siehst du mich?«

»Nein«, sagte das Sonntagskind.

»Man muss genau schauen und seinen Augen trauen!«

Das Sonntagskind sah genauer hin – da. Was war da? Saß da nicht eine dunkle Gestalt? Ja, ein Vogel, ein riesiger Vogel! Dort oben auf einem Balken saß ein riesiger Rabe, aufgeplustert und den Kopf fragend nach vorne gestreckt.

»Willkommen in meinem Turm«, krächzte er stolz, flog auf und landete neben dem Sonntagskind auf dem Fenstersims.

»Dein Turm?«, fragte das Sonntagskind erstaunt.

»Jawohl, jawohl, mein Turm. Selten, dass jemand zu Besuch kommt. Eigentlich bist du der erste Besuch überhaupt. Ho ho, welch ein Tag!«, krächzte der große schwarze Rabe und hüpfte aufgeregt von einem Bein zum andern.

»Wohnst du hier?«, fragte das Sonntagskind.

»Jawohl, jawohl, ich wohne hier, ho ho. Hier empfange ich meine Gäste. Gefällt es dir?«

Das Sonntagskind nickte. »Es ist wunderschön hier!«

Dann fragte es: »Wie heißt du?«

Der Rabe plusterte sich auf und ein freundliches Lächeln umspielte seinen Schnabel: »Ich heiße Rocco, mein liebes Sonntagskind.«

»Woher kennst du mich?«, fragte das Sonntagskind erstaunt.

»Ich wohne auf einem Turm und habe gute Augen und gute Ohren«, meinte der Rabe und winkte mit seinem rechten Flügel. »Ich sammle hier alles, Altes und Neues. Namen und Tage. Antwort und Frage. Ich sammle seit vielen Jahren, Tag für Tag, was immer um den Kirchturm herum geschehen mag. Komm mit, ich zeige dir meine Schätze!«

»Du hast Schätze?«, fragte das Sonntagskind erstaunt.

»Ganz besondere Schätze. Nichts für Schatzsucheranfänger. Alles für wahre Schatzkenner. Für echte Suchende. Bist du nicht deswegen auf den Turm gekommen, weil du Neues kennen lernen willst?«

# WINTER-SCHÄTZE

Der Rabe Rocco flatterte zu dem merkwürdigen Kasten mit den Zahnrädern in der Mitte des Turms. »Das ist die Kirchturmuhr«, meinte er und deutete mit dem Schnabel auf die Zahnräder. »Hier wohnt die Zeit – O, jetzt musst du dir gleich die Ohren zuhalten, jetzt schlägt gleich die Glocke achtmal! Vorsicht!« Er legte sich die Flügel über den Kopf und verstummte.
Und wirklich, es ratterte etwas im Inneren des Kastens und die Schnüre, die im Raum hingen, bewegten sich. Gerade noch rechtzeitig hielt sich das Sonntagskind die Ohren zu und achtmal schlug die Glocke die Zeit hinaus in die Welt.

»So, jetzt sind wir wieder für eine Stunde sicher«, meinte der Rabe und öffnete eine kleine Kiste unter der Kirchturmuhr. »Jetzt kommen meine Schätze, meine Zeitschätze. Schau nur genau!«

Das Sonntagskind sah mehrere unscheinbare Dinge in der Kiste liegen. Ein Kerzenstummel lag dort, ein abgegriffener goldener Stern, ein kleines Kalenderblatt, eine kleine goldene Krone aus Pappe, eine Muschel, ein bunter Stofffetzen, ein eingetrockneter kleiner Kürbis, etwas, das aussah wie ein rotes Grablicht und noch allerhand anderer Kram.

»Was soll das bedeuten?«, fragte das Sonntagskind den Raben, der stolz am Rand seiner Schatzkiste saß.

»Nichts für Schatzsucheranfänger, alles für wahre Schatzkenner«, krächzte er. »Habe ich es dir nicht gesagt? In jedem dieser Dinge steckt eine Geschichte. Eine Schatzgeschichte. Winterschatzgeschichten, Frühlingsschatzgeschichten, Sommerschatzgeschichten, Herbstschatzgeschichten.«

Überrascht sah das Sonntagskind auf.

»Ich will sie dir erzählen«, begann der Rabe Rocco, »und du sollst hören und fragen und wissen und sagen.« Und er kramte in der Kiste, um als erstes die Kerze herauszupicken. Das Sonntagskind setzte sich neugierig neben den Raben auf den alten Boden und lehnte sich an die Turmuhr, um zuzuhören und zu fragen.

# Advent

Mein erster Winter-Schatz ist eine Kerze. Ich habe sie von einem Adventskranz stibitzt. Jeden Adventssonntag wird eine Kerze auf dem Adventskranz angezündet. Tag für Tag kannst du ein Türchen im Adventskalender öffnen. So kann jeder sehen, wie die Zeit vergeht, denn es sind fast vier Adventswochen oder vierundzwanzig lange Tage, bis Weihnachten endlich kommt.

Die Adventszeit ist eine Zeit des Wartens und des Hoffens. Wir warten auf die Geschenke. Wir warten auf ein schönes Fest. Wir warten darauf, die Geschichte zu hören, wie Gott zur Welt kommt. Wir warten auf den Frieden, der an Weihnachten über die Welt ausgerufen wird. Denn »Advent« ist lateinisch und heißt auf deutsch »Ankunft«, die Ankunft Jesu.

*Wer hat denn als erstes einen Adventskranz gebastelt?*

Den Adventskranz hat Johann Hinrich Wichern erfunden. Er war Pfarrer und gründete ein Waisenhaus mit Schule für Kinder und Jugendliche in der Nähe von Hamburg. 1839 bastelte Johann Hinrich Wichern zum ersten Mal einen Adventsleuchter, an dem jeden Tag eine neue Kerze angezündet wurde. Der erste Adventskranz hatte also vierundzwanzig Kerzen. Dazu las Johann Hinrich Wichern jeden Tag eine Geschichte vor.

Weil Johann Hinrich Wichern viele Sozialarbeiter ausbildete, die im ganzen Land arbeiteten, verbreitete sich auch der Adventskranz rasch in Deutschland. Und wenn man statt vierundzwanzig nur vier Kerzen nimmt, dann passt er auch auf jeden Tisch. So ist der Adventskranz heute in vielen Häusern zu finden, und an jedem Adventssonntag wird eine Kerze mehr angezündet, als Zeichen dafür, dass Weihnachten näher kommt – und damit ein bisschen mehr Licht und Wärme in die Welt.

Wenn du in der Adventszeit in die Kirche gehst, hörst du alte Psalmen und alte Gedichte, die von der Hoffnung sprechen, dass Gott zu uns Menschen kommt und ein großes Friedensreich anbricht. Die Menschen haben diese Hoffnung in viele Bilder gebracht. In der Bibel kann man sie nachlesen:

*Machet die Tore weit und die Türen in der Welt hoch, dass der König der Ehren einziehe!*
So wird gesungen, weil man sich Gott als König vorgestellt hat, der in die Welt kommt, um dort Gerechtigkeit zu bringen.

*Ein Säugling wird vor dem Schlupfloch der Natter spielen, und ein kleines Kind wird seine Hand in die Höhle der Schlange strecken.* So könnte doch der Frieden auf der Welt aussehen: Sogar gefährliche Tiere gibt es dann nicht mehr.

*Denn uns ist ein Kind geboren, ein Sohn ist uns gegeben, und die Herrschaft ruht auf seiner Schulter; und er heißt Wunder-Rat, Gott-Held, Ewig-Vater, Friede-Fürst; auf dass seine Herrschaft groß werde und des Friedens kein Ende.*

So dichtete Jesaja und gab dem Kind, auf das er wartete, lauter sprechende Namen. Sie sprechen von der Hoffnung, dass Frieden und Gerechtigkeit für immer über die ganze Welt kommen.

Und Johannes erzählt von seiner Friedenshoffnung: *Und ich sah einen neuen Himmel und eine neue Erde; denn der erste Himmel und die erste Erde sind vergangen, und das Meer ist nicht mehr. Siehe da! Die Hütte Gottes bei den Menschen! Und er wird bei ihnen wohnen, und sie werden sein Volk sein, und er selbst, Gott mit ihnen, wird ihr Gott sein. Und Gott wird abwischen alle Tränen von ihren Augen, und der Tod wird nicht mehr sein, noch Leid noch Geschrei noch Schmerz wird mehr sein; denn das Erste ist vergangen.*

So haben die Menschen in vielen Bildern ihre Hoffnung auf Frieden ausgedrückt.

*Wer ist der Nikolaus?*
*Warum kommt er zu den Kindern und bringt Geschenke?*

Nikolaus war Bischof in Myra, einer Hafenstadt in der heutigen Türkei. Damals gehörte die Stadt noch zum Römischen Reich, denn Bischof Nikolaus lebte um das Jahr 300. Leider weiß man weder Geburtstag noch Todestag, noch sonst etwas Genaues von ihm. Er muss ein Mann von großer Güte und großer Ausstrahlung gewesen sein, denn bald nach seinem Tod erzählte man sich allerhand Geschichten über ihn und verehrte ihn als heiligen Mann. Zu seinem Grab in Myra pilgerten viele Menschen, um dort zu beten. Wundersamerweise wurden dort viele Menschen gesund. So wurde Nikolaus nach seinem Tod bald überall bekannt.

Vor allem im Osten Europas wurde und wird der Nikolaus sehr verehrt. Als im Jahr 1087 die Gebeine des Heiligen Nikolaus aus seiner Heimatstadt Myra geklaut und nach Bari in Italien gebracht wurden, begann auch bei uns im Westen seine Verehrung, in Frankreich, Deutschland, Italien oder Spanien. Er wurde der Schutzherr der Seefahrer, Fischer, Brückenbauer, Kaufleute, Bäcker, Tuchmacher und noch vieler anderer Berufe – aber vor allem der Kinder. Im 16. Jahrhundert schenkte man häufig den Kindern am Nikolaustag, dem 6. Dezember, Kleinigkeiten, während es an Weihnachten damals noch keine Geschenke gab. Und so ist es auch heute in vielen Gegenden Brauch, dass der Nikolaus kommt, entweder heimlich über Nacht, oder jemand verkleidet sich als Nikolaus mit weißem Bart und Sack.

# Weihnachten

Hier siehst du meinen Weihnachtsstern, den ich an einem Christbaum abgepflückt habe. Er verzaubert meinen Turm und erinnert mich an die Weihnachtszeit. Denn Weihnachten ist eine besondere Zeit im Jahr. Alles ist wie verzaubert. Überall leuchten Sterne, überall gibt es Süßigkeiten, und wenn wir Glück haben, verzaubert auch der Schnee die braune Matschwelt des Herbsts. Weihnachten ist für viele Menschen das wichtigste Fest im Jahr geworden. Denn in dieser verzauberten Welt kann man sehr gut nachspüren, wie gut es Gott mit uns meint.

*Kommt das Christkind
oder der Weihnachtsmann?*

Natürlich kommt an Weihnachten nicht wirklich der Weihnachtsmann oder das Christkind. Aber es macht Spaß, so zu tun, als ob es ihn gäbe. Schließlich sind die Geschenke, die wir an Weihnachten bekommen, ja eine Art himmlische Überraschung! Und schließlich ist es ja ein Geschenk, dass wir mit Spaß und Freude leben dürfen!

*Wer ist denn das Christkind? Ist es das Kind in der Krippe oder das himmlische Kind, das die Geschenke bringt?*

Das Christkind, das die Geschenke bringt, ist eigentlich jemand anders als das Jesuskind in der Krippe. Vor mehr als fünfhundert Jahren, im Mittelalter, gab es zur Weihnachtszeit oft Krippenspiele, bei denen allerhand Engel mitgingen – und ein Christkind. Das war die Anführergestalt der Engel.

Martin Luther hat in der Reformationszeit, als sich die evangelische Kirche gründete, dagegen protestiert, dass die Heiligen allzu sehr verehrt werden. Sie sollten unsere Vorbilder sein, aber nicht Gestalten im Himmel, zu denen man betet. Beten soll man nur zu Gott, das reicht. Aus diesem Grund wollte er, dass das Weihnachtsfest eine größere Rolle spielt als die Heiligentage, zum Beispiel der Nikolaustag. Also forderte er, dass nicht mehr am Nikolaustag den Kindern Geschenke gemacht werden, sondern stattdessen an Weihnachten. Die Menschen erinnerten sich an die Weihnachtsaufführungen und erzählten sich bald Geschichten vom »Christkind«, wie es jetzt statt des Nikolaus' die Geschenke bringt. Und nach und nach wurde das Christkind auch in den katholischen Gegenden beliebt.

*Und wer ist dann der Weihnachtsmann?*

Um 1800 wurde die Figur des Weihnachtsmanns richtig »erfunden«. Vor allem Lehrer und Erzieher dachten, dass Nikolaus und Christkind nicht für die Erziehung der Kinder geeignet wären. Und richtig – damals hatte der Nikolaus und seine Begleiter auch die Aufgabe, die Kinder zu strafen und nur die Braven zu belohnen. Der Weihnachtsmann sollte daher eine Gestalt sein, der ohne Angst zu verbreiten nett und lustig die Geschenke bringt.

In evangelischen Gegenden kam daher ab jetzt der Weihnachtsmann mit Geschenken, während in katholischen Gebieten das Christkind weiterhin seinen Dienst tat – und so ist es ja bis heute: Im Süden Deutschlands, in den Gebieten, in denen mehr katholische Menschen wohnen, bringt das Christkind die Geschenke, im Norden der Weihnachtsmann. Ob sie sich vertragen, kann man nicht wissen …

*Seit wann gibt es die Weihnachtskrippe?
Warum wird sie aufgebaut?*

Im Mittelalter konnten die meisten Menschen nicht lesen und schreiben, denn es gab kaum Schulen. Deswegen wurden die biblischen Geschichten als Bilder gemalt oder als Figuren aufgebaut, damit die Menschen sie als Bildgeschichten kennen lernen konnten.
Auch die Krippe erzählt eine Geschichte, die Geschichte von der Geburt im Stall zu Bethlehem. Im Mittelpunkt steht die Futterkrippe, in der das kleine Jesuskind liegt. Daneben stehen Maria und Josef. Und die Hirten kommen, die Heiligen Drei Könige und manchmal sind auch Engel da. Oder ganz andere Figuren, Menschen wie du und ich, die zur Krippe gehen.
Die Krippe haben vor allem die Jesuiten-Mönche in der ganzen Welt verbreitet und sie zur Weihnachtszeit in der Kirche aufgestellt. Später, um 1800, wurden aber die Krippen vielerorts verboten, weil die Regierungsbeauftragten sie zu kindisch und zu albern fanden. Denn jetzt hatte man Schulen eingerichtet, sodass jeder selbst die Weihnachtsgeschichte lesen konnte. Krippen wären also überflüssig, fanden sie.
Aber in den letzten zweihundert Jahren ist das Weihnachtsfest für die Menschen immer wichtiger geworden und deswegen haben sie eigene kleine Krippen in ihr Weihnachtszimmer zu Hause gestellt.

*Wie ist der Weihnachtsbaum entstanden?*
*Und wann wurde der erste Weihnachtsbaum aufgestellt?*

Weihnachtsbäume ins Wohnzimmer zu stellen ist noch kein alter Brauch. Erst im Laufe des 20. Jahrhunderts wurden in fast allen Häusern Weihnachtsbäume aufgestellt. Vor vierhundert Jahren kam man zuerst auf die Idee, einen Weihnachtsbaum aufzustellen, und zwar im Elsass, auf Stadtplätzen und in Versammlungsstuben der Handwerker.

An den ersten Weihnachtsbaum hängten die Leute Äpfel und Oblaten. Die Äpfel kennst du aus der Geschichte von Adam und Eva: Sie sollen daran erinnern, dass wir »nicht mehr im Paradies« leben. Die Oblaten werden beim Abendmahl in der Kirche ausgeteilt und sind Zeichen für das Neue, das mit Jesus begann. Denn schon die ersten Christen meinten, dass mit Jesu Kommen in die Welt alles neu wird.

Übrigens: Aus den Oblaten haben sich die Lebkuchen entwickelt (unten an den Lebkuchen sind ja noch heute Oblaten dran). Und aus den Äpfeln wurden die Christbaumkugeln.

Hier ist die Weihnachtsgeschichte, wie sie der Evangelist Lukas geschrieben hat. Weil Lukas ein Dichter war, der jedes Wort ganz bewusst ausgewählt hat, um die Szene in Bethlehem zu beschreiben, sollen es auch die Originalworte sein (natürlich nicht ganz original, weil Lukas griechisch geschrieben hat). Manches ist vielleicht ein bisschen altertümlich ausgedrückt, aber du kommst schon dahinter, was es bedeutet.

*Es begab sich aber zu der Zeit, dass ein Gebot von dem Kaiser Augustus ausging, dass alle Welt geschätzt würde. Und diese Schätzung war die allererste und geschah zu der Zeit, da Quirinius Statthalter in Syrien war. Und jedermann ging, dass er sich schätzen ließe, ein jeder in seine Stadt. Da machte sich auf auch Josef aus Galiläa, aus der Stadt Nazareth, in das jüdische Land zur Stadt Davids, die da heißt Bethlehem, weil er aus dem Hause und Geschlechte Davids war, damit er sich schätzen*

ließe mit Maria, seinem vertrauten Weibe; die war schwanger.

Und als sie dort waren, kam die Zeit, dass sie gebären sollte. Und sie gebar ihren ersten Sohn und wickelte ihn in Windeln und legte ihn in eine Krippe; denn sie hatten sonst keinen Raum in der Herberge. Und es waren Hirten auf dem Felde bei den Hürden, die hüteten des Nachts ihre Herde. Und der Engel des Herrn trat zu ihnen, und die Klarheit des Herrn leuchtete um sie; und sie fürchteten sich sehr. Und der Engel sprach zu ihnen: »Fürchtet Euch nicht! Siehe, ich verkündige Euch große Freude, die allem Volk widerfahren wird, denn euch ist heute der Heiland geboren, welcher ist Christus, der Herr, in der Stadt Davids. Und das habt zum Zeichen: ihr werdet finden das Kind in Windeln gewickelt und in einer Krippe liegen.« Und alsbald war da bei dem Engel die Menge der himmlischen Heerscharen, die lobten Gott und sprachen: »Ehre sei Gott in der Höhe und Friede auf Erden bei den Menschen seines Wohlgefallens.« Und als die Engel von ihnen gen Himmel fuhren, sprachen die Hirten untereinander: »Lasst uns nun gehen nach Bethlehem und die Geschichte sehen, die da geschehen ist, die uns der Herr kundgetan hat.« Und sie kamen eilend und fanden beide, Maria und Josef, dazu das Kind in der Krippe liegen. Als sie es aber gesehen hatten, breiteten sie das Wort aus, das zu ihnen von diesem Kind gesagt war. Und alle, vor die es kam, wunderten sich über das, was ihnen die Hirten gesagt hatten. Maria aber behielt alle diese Worte und bewegte sie in ihrem Herzen.

# Geburtstag feiern

Was du zu Weihnachten nicht bekommen hast, kannst du dir zum Geburtstag wünschen – das weiß jedes Kind. Aber Geburtstag und Weihnachten hängen noch auf eine andere Weise zusammen. An Weihnachten feiern wir, dass wir alle Kinder Gottes sind, und am Geburtstag denken wir daran, dass jeder und jede ganz unverwechselbar und einzigartig ist, ein Wunder und ein Geschenk. Deswegen bekommt das Geburtstagskind auch Geschenke.

*Wie wurde früher Geburtstag gefeiert?*

Im alten Rom wurde nur der Geburtstag von Kaisern oder anderen wichtigen Persönlichkeiten gefeiert, und dazu wurden Volksfeste mit Wagenrennen veranstaltet. Im Mittelalter wussten die Menschen oft gar nicht genau, wann sie geboren waren. Ab dem 16. Jahrhundert wurde in katholischen Gegenden der Namenstag gefeiert, denn jeder Mensch bekam nun den Namen eines Heiligen, und jeder Heilige hatte einen eigenen Gedenktag im Jahr. Denn jetzt wurde der Name mit der Taufe verbunden, und auf welchen Tag die Taufe fiel, dessen Namen bekam man. Aber am Namenstag denkt man eigentlich eher an den Heiligen als an die einzelne Person. Wenn wir heute Geburtstag feiern, denken wir an das ganz persönliche Leben: wir zählen die Jahre und feiern das neue Lebensjahr.

# Silvester und Neujahr

Hier ist mein Silvester-Schatz: ein ganz frisches Kalenderblatt, darauf steht »1. Januar«. Wann das neue Jahr beginnt, war bis ins 17. Jahrhundert hinein von Land zu Land unterschiedlich. In manchen Gegenden wurde Neujahr zugleich mit Weihnachten gefeiert, in anderen begann das neue Jahr mit dem Frühlingsanfang am 21. März. Erst 1691 hat auch der Papst das neue Jahr mit dem ersten Januar beginnen lassen.

Vorher hat er das neue Jahr an Weihnachten anfangen lassen, weil wir ja die Jahre von Christi Geburt ab zählen: Wir sagen, wir leben im Jahr X »nach Christi Geburt« – und seinen Geburtstag feiern wir nun mal an Weihnachten. Noch heute heißt die Zeit zwischen Weihnachten und Neujahr die Zeit »zwischen den Jahren«, als ob man sich nicht so ganz sicher ist, ob diese eine Woche zu dem alten oder dem neuen Jahr gehört.

### Warum feiern wir eigentlich den Jahresanfang?

»Viel Glück!« »Prosit Neujahr!« »Alles Gute!« Das wünschen wir uns gegenseitig an Silvester. Das neue Jahr soll gut werden. Niemand kann wissen, was in der Zukunft liegt, doch an Silvester spüren wir, wie die Zeit vergeht und wie wichtig es ist, dass die Zeit eine gute Zeit wird.
Manche Familien spielen »Bleigießen« miteinander – und stellen sich vor, wie es wäre, wenn wir in die Zukunft schauen könnten. Andere machen sich gute Vorsätze für das neue Jahr und stellen sich vor, sie könnten schlechte Eigenschaften loswerden.
Wenn wir uns viel Glück wünschen, dann ist das so etwas wie ein Segenswunsch. Denn »Glück« hat niemand in der Hand, und dass »alles gut« wird, kann niemand beeinflussen. Man wünscht sich, ohne es genau zu bemerken, alles Gute von Gott. Man wünscht sich gegenseitig für das kommende Jahr Lebenskraft von Gott – das nennt man »Segen«.

# Die Heiligen Drei Könige

Hier ist mein kostbarstes Stück: eine kleine Krone von einem Sternsingermädchen. Am 6. Januar ziehen vor allem in katholischen Gegenden verkleidete Sternsinger umher, singen vor jeder Haustür und wünschen dem Haus viel Glück und viel Segen. Sie spielen die Heiligen Drei Könige, denn der 6. Januar ist ihr Gedenktag. Über die Tür schreiben sie dann mit Kreide: C + M + B und das neue Jahr.

*Was bedeuten denn die drei Buchstaben, die die Sternsinger über den Hauseingang malen?*

Manche lesen in diesen Buchstaben Caspar, Melchior und Balthasar. So sollen der Legende nach die Heiligen Drei Könige geheißen haben, die dem Stern nach Bethlehem gefolgt sind, um das neugeborene Jesuskind zu finden und sich vor dem kleinen Kind, dem ganz anderen König der Welt, zu verneigen. Die drei Buchstaben sind aber auch die Anfangsbuchstaben des lateinischen Segenswunsches: »Christus mansionem benedicat«, das heißt auf deutsch: »Christus segne das Haus!«

# Fasching

Wie möchtest du dich an Fasching verkleiden? Welche Rolle willst du spielen? Zauberer, Indianer, Prinzessin, Polizist, Kaminkehrer, Rabe, Vampir, Hexe oder Nixe? An Fasching kannst du dich in verschiedene Rollen hineindenken und mal ausprobieren, wie es wohl als Tier, als Indianer oder als Polizist ist. Was ist deine Lieblingsrolle?

Alle Menschen, große und kleine, spielen Rollen, nicht nur an Fasching. Wir spielen immer verschiedene Rollen, auch im richtigen Leben. In der Schule bist du ganz anders als zu Hause. In der Schule musst du schlau sein und stillsitzen und ernsthaft sein. Zuhause bei den Eltern oder Geschwistern kannst du ganz anders sein. Und bei Freunden oder Verwandten bist du wieder anders. Aber alle diese Rollen gehören zu dir: Du bist Tochter oder Sohn, Schüler oder Schülerin, Balletttänzerin, Musiker, Vorzeigekind, Kunde im Supermarkt, Radfahrerin oder Haustier-Pfleger.

*Und warum gibt es die Faschingskrapfen?*

Statt Fasching kann man auch Karneval sagen. »Karneval« heißt eigentlich »Ende mit Fleischessen«. So hieß früher der Aschermittwoch, denn da beginnt die Fastenzeit und in der aßen die Menschen im Mittelalter kein Fleisch. Deshalb kamen die Metzger und Bäcker auf die Idee, noch einmal alles zu verbraten und zu verbacken. Metzger machten Riesenwürste, Bäcker erfanden die Krapfen, die im heißen Fett gebacken werden.

# FRÜHLINGS-SCHÄTZE

Die Sonne kitzelte das Sonntagskind in der Nase und es musste niesen.
»Ho ho, Gesundheit«, krächzte der Rabe Rocco.
Draußen war es warm geworden, und die Sonnenstrahlen linsten durch die kleinen Fensterluken in den Kirchturm.
»Das waren die Winterschätze«, verkündete der Rabe Rocco und flatterte auf die Kirchturmglocke.
»Hast du auch Frühlingsschätze?«, fragte das Sonntagskind neugierig.
»Was ist denn das für eine Frage!«, rief der Rabe Rocco. »Meine Schatzkiste ist ja noch mehr als halb voll!«
Das Sonntagskind dachte nach. »Sicher ist Ostern dabei«, meinte es.
»Ja, ja, sehr richtig, Ostern und Karfreitag und Himmelfahrt und sonst noch allerhand«, sagte der Rabe. »Willst du mal sehen?«
Das Sonntagskind wollte gerne.
Der Rabe Rocco steckte den Kopf in seine Schatzkiste und holte einen Zweig mit Knospen heraus.
»Das ist mein Frühlingszweig«, krächzte er. »Schau nur, die Knospen warten nur darauf, aufzubrechen und zu blühen!«

# Fastenzeit

Jetzt wärmen die ersten Sonnenstrahlen den Erdboden. Noch sind die Felder ganz braun. Unter der Erde schlummern die Samenkörner. Es ist, als bereite sich die Natur darauf vor, dass endlich Frühling wird und Neues beginnt. Es ist, als warte die Erde und sammle Kraft, um dann gestärkt viele Pflanzen und Blumen wachsen zu lassen.

Die Fastenzeit ist die Zeit zwischen Fasching und Ostern, die Passionszeit. Sie ist eine Zeit, in der Menschen früher und heute sich auf das Wesentliche besinnen, auf das, was ihnen wirklich wichtig ist. Die Fastenzeit ist eine Zeit, um Überflüssiges loszuwerden. Erst dann kann man merken, was wirklich wichtig ist. Dann kann man Kräfte sammeln, weil man nicht so viel Überflüssiges mit sich herumschleppen muss. Die Fastenzeit dauert vierzig Tage. An den Sonntagen wird nicht gefastet, und so ist die Fastenzeit insgesamt sieben Wochen lang.

*Heißt denn Fasten, dass man gar nichts mehr essen darf?*

Fasten ist immer beschränkt auf eine bestimmte Zeit. Zu lange fasten ist ungesund, dann wird man krank davon. Manche Menschen essen, wenn sie fasten, eine Woche überhaupt nichts und trinken dafür ganz viel. Andere essen kein Fleisch oder keine Süßigkeiten. Und nach der Fastenzeit schmeckt dann alles viel besser!

### *Warum fasten denn Menschen heute?*

Dafür gibt es mehrere Gründe: Manche fasten, weil sie ihrem Körper etwas Gutes tun wollen. Sie wollen sich gesund und bewusst ernähren, um Körper und Seele wieder in Einklang zu bringen oder um den Winterspeck loszuwerden!

Manche fasten, weil sie einmal bewusst sieben Wochen ohne bestimmte Dinge auskommen wollen, zum Beispiel ohne Zigaretten, ohne Alkohol oder ohne Schokolade, ohne Fernsehen oder Computerspiele. Sie wollen sich selbst beweisen, dass sie von diesen Luxusartikeln nicht abhängig sind.

Manche Menschen spenden dann das Geld, das sie in der Fastenzeit einsparen, für Menschen, die nichts zum Essen haben. Sie entdecken, dass sie mehr Geld haben – auch zum Teilen.

Manche Menschen machen »Einkehrtage«. Sie kehren aber nicht in eine Wirtschaft ein, sondern sie kehren in sich selbst ein. Dazu ziehen sie sich zurück, zum Beispiel in ein Kloster. Dort haben sie plötzlich viel Zeit, Zeit zum Nachdenken, Zeit zur Besinnung auf das, was wichtig ist im Leben.

Jesus war in der Wüste. Er war dort ganz allein, um vierzig Tage zu fasten, bevor er durch die Lande zog, um den Menschen zu predigen und die Kranken zu heilen. Was er wohl erlebt hat? Was er wohl gedacht hat? Vielleicht hat er gedacht:

*Jetzt bin ich hier in der Wüste. Kein Mensch ist zu sehen. Überhaupt nichts ist zu sehen, nur Steine und ausgedörrte Erde, bis zum Horizont. Hier gibt es kein Lebenszeichen. Hier gibt es nicht einmal dürre Bäume. Nur Steine, Steine, Steine, soweit ich sehen kann. Und nirgends Wasser! Zum Glück sitze ich im Schatten eines großen Felsens. Denn die Sonne brennt erbarmungslos herunter auf den aufgesprungenen Sand. Und die Luft ist so heiß, dass ich kaum atmen kann. Und sie beginnt in der Mittagshitze zu flimmern.*
*Es flimmert vor meinen Augen. Und plötzlich sind die Steine keine Steine mehr, sondern Brote. Brote bis zum Horizont. Und ich muss denken: So viele Menschen hungern. Sie haben nicht einmal das tägliche Brot zum Essen. Wenn ich allen Menschen Brot bringen könnte, dann würden sie mir zujubeln! Das wäre was! – Doch weg mit diesem Gedanken! Der Mensch lebt nicht vom Brot allein! Was, wenn alle satt, aber unzufrieden sind? Wenn sie hungern und*

dürsten nach Gerechtigkeit? Wenn sie hungern und dürsten nach Gott? – Und plötzlich sind alle Steine wieder nur Steine, die in der Luft flimmern.
Doch dieser Felsen dort, der große dort. Er erinnert mich an den Tempel in Jerusalem! Ja, wenn ich dort oben auf den Zinnen des Tempels stünde, da würde mir das Volk zujubeln! Und wenn ich mich fallen ließe und sanft von den Engeln meines Vaters getragen würde, ich, der große Held! Und ich hätte Macht! – Doch weg mit solchen Gedanken! Das ist eine Versuchung! Das will ich nicht! Ich will nicht ein mächtiger Befehlshaber sein! Und ich bin auch kein Bäcker! Ich bin Gottes Sohn! Und ich weiß jetzt, was ich zu tun habe! Ich weiß jetzt, was mir wichtig ist! Ich muss zu den Menschen gehen, zu den Kleinen und den Großen, und ihnen von der Liebe Gottes erzählen! Ich muss ihnen zeigen, wie wunderbar es ist, Gottes Kind zu sein! Ich will, dass sie in ihrer Seele satt werden und dass sie keine Furcht zu haben brauchen vor irgendwelchen Machthabern! Und jetzt ziehe ich los und fange an!

(Wenn du wissen willst, wie diese Geschichte in der Bibel erzählt wird, dann kannst du bei Lukas und bei Matthäus jeweils im 4. Kapitel nachlesen!)

# Osterwoche

Fast jeder Tag in der Osterwoche hat eine andere Bedeutung. Denn an diesen Tagen wird der Reihe nach erinnert, was Jesus in Jerusalem erlebt hat. Der Palmsonntag, der Sonntag vor Ostern, erinnert daran, wie Jesus auf einem Esel hinauf nach Jerusalem geritten ist, um mit seinen Jüngern dort das Passah-Fest zu feiern. Alle Leute haben »Hosianna« geschrien und waren begeistert, als sie ihn sahen. Sie glaubten, nun komme ihr Befreier, ihr neuer König. Doch Jesus war ein ganz anderer König, als sie es sich gedacht haben. Keiner, der mit Schwert und Macht loszieht, sondern einer, der alle Menschen untereinander versöhnen wollte.

Jesus ahnte, dass man ihn gefangen nehmen würde. Denn das, was er verkündete, dass das Reich Gottes angebrochen war, war so unfassbar, dass viele Menschen, vor allem die Hüter der Religion, vor ihm Angst hatten. Denn Jesus hat sich mit Armen, Kranken und Außenseitern zusammengesetzt und gezeigt, dass Gott alle Menschen gleichermaßen liebt. Jesus hat gezeigt, dass alle Menschen Kinder Gottes sind, die zu ihm »Vater unser« sagen können. Das war vielen Menschen unheimlich.

*Was ist am Gründonnerstag passiert?*

Am Tag, an dem Jesus gefangen genommen wurde, setzte er sich noch einmal mit seinen Jüngern zusammen, um mit ihnen zu essen und zu trinken und so das Passah-Fest zu feiern. Der Evangelist Lukas erzählt es so:

*Jesus nahm das Brot, dankte und brach's und gab's ihnen und sprach: Das ist mein Leib, der für euch gegeben wird. Das tut zu meinem Gedächtnis. Genauso nahm er den Kelch nach dem Mahl und sprach: Dieser Kelch ist der neue Bund in meinem Blut, das für euch vergossen wird.*

*In manchen Gottesdiensten essen wir miteinander und feiern Abendmahl. Machen wir es Jesus nach?*

Allein essen macht keinen Spaß! Zusammen schmeckt es irgendwie besser, und oft wird es erst dann richtig lustig, wenn man miteinander isst. Wer gemeinsam isst, verträgt sich und teilt miteinander. Essen schafft Gemeinschaft.
Jesus hat immer gerne mit Menschen gegessen. Es war eine Art Markenzeichen von ihm. Denn wer gemeinsam isst, lernt sich kennen, verträgt sich, teilt miteinander. So zumindest hat es Jesus vorgemacht.
Deswegen feiern Christen bis heute gemeinsam Abendmahl. Nicht in jedem Gottesdienst, aber an wichtigen Tagen wird in der Kirche Brot und Wein geteilt und miteinander gegessen – nicht viel, denn es soll ja nicht satt machen, sondern ein Symbol sein. In manchen Gemeinden gibt es auch Traubensaft, damit alle, Groß und Klein, mittrinken können. Dann wird klar: Wir gehören alle zusammen und zu Gott.

*Was passiert beim Abendmahl?*

Beim Abendmahl erinnert der Pfarrer oder die Pfarrerin zuerst an das letzte Essen, das Jesus mit seinen Jüngern gefeiert hat, bevor er gefangen genommen und gekreuzigt wurde. Damals hat er uns aufgetragen, miteinander zu essen und zu trinken, wie er es uns gezeigt hat. Und wenn wir das tun und dabei an ihn denken, dann ist auch er bei uns, so hat es Jesus versprochen. Wer Brot und Wein miteinander isst und trinkt, ist eine Gemeinschaft – eine Gemeinschaft untereinander, bei der auch Gott dabei ist. Gott lädt uns alle ein.

### Dürfen auch Kinder zum Abendmahl?

Manche meinen, Kinder verstehen noch nicht, was beim Abendmahl passiert, und deswegen sollten sie auch nicht daran teilnehmen. Katholische Kinder bekommen deswegen eine extra Einführung, die »Erst-Kommunion«. Evangelische Kinder dürfen zu besonderen Gottesdiensten auch beim Abendmahl dabei sein, damit klar wird: Alle Menschen, Groß und Klein, gehören zusammen! Jesus lädt alle ein. Und was ganz genau beim Abendmahl passiert, das kann sowieso niemand erklären, auch nicht die Erwachsenen. Das kann man nur selbst erleben.

### Feiern katholische und evangelische Christen gemeinsam Abendmahl?

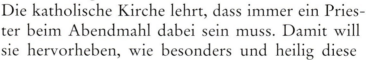

Katholische und evangelische Menschen wollen oft gemeinsam Abendmahl feiern, doch die Kirchenoberen tun sich damit schwer. Die evangelische Kirche und die katholische Kirche sind nämlich genau über den Punkt zerstritten, was denn beim Abendmahl passiert und wozu das Abendmahl gut sein soll.
Die katholische Kirche lehrt, dass immer ein Priester beim Abendmahl dabei sein muss. Damit will sie hervorheben, wie besonders und heilig diese Feier ist. Die evangelische Kirche lehrt, dass alle Menschen, wenn sie sich an Jesus erinnern, gemeinsam Abendmahl feiern können. Ihr ist die Gemeinschaft besonders wichtig.

### Was ist am Karfreitag passiert?

Im Namen Karfreitag ist das Wort »kara« versteckt, das heißt auf deutsch »Kummer«. Denn am Karfreitag wird daran erinnert, wie die Geschichte mit Jesus weiterging.

*Nach dem gemeinsamen Essen gingen Jesus und seine Jünger in einen Garten mit dem Namen Gethsemane. Jesus nahm Petrus, Jakobus und Johannes mit sich, damit sie mit ihm wachten, doch die drei Jünger schliefen ein.*

*Jesus betete zu Gott. Denn er war ganz allein. Er betete: »Mein Vater, dein Wille geschehe. Wenn du willst, dass ich gefangen genommen werde und sterben soll, so will ich es auch.« Dann kamen Soldaten in den Garten und mit ihnen kam Judas, der Jünger, der Jesus verraten sollte. Er hatte den Soldaten gesagt: »Denjenigen, den ich küsse, der ist Jesus, den könnt ihr gefangen nehmen.« Und Judas ging zu Jesus und küsste ihn, und die Soldaten nahmen Jesus gefangen. Und alle verließen ihn und flohen.*

*Und sie führten Jesus zum Hohepriester. Der Hohepriester fragte ihn: »Bist du der Messias, Gottes Sohn?« Und Jesus antwortete: »Ja.« Da sprachen sie: »Was brauchen wir noch weitere Beweise! Er hat Gott gelästert! Niemand kann Gottes Sohn sein!« Und sie führten ihn zu Pilatus, dem römischen Statthalter, damit er ihn zum Tode verurteilte. Und Pilatus fragte ihn: »Bist du der König der Juden?« Jesus aber antworte und sprach zu ihm: »Du sagst es.« Pilatus fragte weiter, aber Jesus schwieg und verteidigte sich nicht.*

*Es war aber Brauch, zum Passah-Fest einem Gefangenen die Freiheit zu schenken. Und Pilatus sprach zum Volk: »Wollt ihr, dass ich den Barrabas, den Verbrecher, freigebe? Oder wollt ihr, dass ich euch den König der Juden freigebe?« Doch das Volk rief: »Kreuzige ihn!« Aber Pilatus fragte: »Was hat er denn Böses getan?« Doch das Volk schrie: »Kreuzige ihn!«*

*Da befahl Pilatus, dass man Jesus kreuzigte. Und sie schlugen ihn, setzten ihm eine Dornenkrone auf und verspotteten ihn und führten ihn hinaus, um ihn zu kreuzigen. Und sie zwangen einen Mann, der vorüber ging, mit dem Namen Simon von Kyrene, dass er ihm das Kreuz tragen helfe.*

*Und sie brachten ihn zu der Stätte Golgatha, das heißt auf deutsch: Schädelstätte. Dort kreuzigten sie Jesus und mit ihm zwei Verbrecher, einen zu seiner Rechten und einen zu seiner Linken. Und sie verspotteten ihn und sagten: »Wenn du Gottes Sohn bist, so steige von deinem Kreuz herab!«*

*Und zur neunten Stunde rief Jesus laut: »Eli, Eli, lama asabthani?«, das heißt auf deutsch: »Mein Gott, mein Gott, warum hast du mich verlassen?« Und Jesus schrie laut auf und starb. Und der Vorhang im Tempel zerriss in zwei Stücke von obenan bis unten. Der Hauptmann aber, der am Kreuz stand, sagte: »Wahrlich, dieser ist Gottes Sohn gewesen!«*

### Und was feiern wir an Ostern?

Drei Tage waren vergangen, seit Jesus gestorben war. Ganz früh am Morgen wollten drei Frauen aus dem Jüngerkreis noch einmal zu seinem Grab gehen. Damals war es Sitte, den Leichnam mit Ölen einzubalsamieren. Die drei Frauen müssen todunglücklich gewesen sein. Jesus, ihr Freund, war gestorben! Sie hatten so viel mit ihm erlebt! Der Evangelist Markus erzählt die Ostergeschichte so:

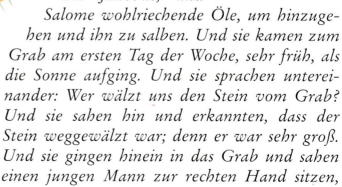

*Und als der Sabbat vergangen war, kauften Maria von Magdala und Maria, die Mutter des Jakobus, und Salome wohlriechende Öle, um hinzugehen und ihn zu salben. Und sie kamen zum Grab am ersten Tag der Woche, sehr früh, als die Sonne aufging. Und sie sprachen untereinander: Wer wälzt uns den Stein vom Grab? Und sie sahen hin und erkannten, dass der Stein weggewälzt war; denn er war sehr groß. Und sie gingen hinein in das Grab und sahen einen jungen Mann zur rechten Hand sitzen,*

*der hatte ein langes weißes Gewand an und sie entsetzten sich. Er aber sprach zu ihnen: Entsetzt euch nicht! Ihr sucht Jesus von Nazareth, den Gekreuzigten. Er ist auferstanden, er ist nicht hier!*

### *Wie wird diese Geschichte in der Kirche gefeiert?*

Karfreitag und Ostern gehören zusammen, das kannst du auch erleben, wenn du an beiden Tagen in die Kirche gehst. Am Karfreitag ist Jesus gekreuzigt worden, von allen seinen Jüngern verlassen. Er hat sich sogar so allein gefühlt, dass er nicht einmal mehr geglaubt hat, dass Gott noch bei ihm ist. »Mein Gott, mein Gott, warum hast du mich verlassen?«, so hat Jesus am Kreuz gerufen. Am Karfreitag ist einfach alles aus, und das kann man bis heute nacherleben. Denn deswegen läuten in vielen Kirchen die Glocken nicht mehr, und die Orgel verstummt. Der Altar bleibt schmucklos, und die Osterkerze des vergangenen Jahres wird aus der Kirche gebracht.

Aber dann kommt der Ostermorgen. Gott hat gezeigt, dass er Jesus nicht allein gelassen hat. Jesus wurde auferweckt. Jesus lebt! Jetzt beginnt Neues! Das kann jeder an Ostern am eigenen Leibe nachspüren. So wie die Natur nach dem Winter wieder zum Leben erwacht, so wie die Sonnenstrahlen wieder wärmen. In der Osternacht wird deshalb eine neue Osterkerze in die Kirche getragen. Die Orgel spielt wieder. Die Glocken läuten. Die Welt wird bunt und lebendig.

Diese Osterhoffnung ist seither in der Welt, dass Gott uns auch beim Sterben nicht verlässt. Er lässt uns nie im Stich, auch wenn wir denken, es ist alles aus.

### *Was bedeutet die große Osterkerze, die zu Ostern in die Kirche getragen wird?*

Die Osterkerze ist eine besonders geschmückte Kerze und steht in der Kirche an einem Ehrenplatz. Sie brennt während der Osterzeit im Gottesdienst und dann das ganze Jahr über während der Taufen, Gottesdienste und Beerdigungen. Sie soll ganz besonders an den Ostermorgen erinnern, an den Morgen, an dem Jesus Christus auferstanden ist. Auf der Osterkerze ist ein A und ein Ω zu sehen. Sie sind der erste und der letzte Buchstabe des griechischen Alphabets, das Alpha und das Omega. Sie bedeuten, dass Gott von Anfang bis zum Ende der Welt bei uns ist.

### Was ist das Osterfeuer?

Das ist ein jahrhundertealter Brauch. Das Osterfeuer soll eigentlich ein ganz »frisches« Feuer sein, mit einem Feuerstein entzündet, nicht mit einem Feuerzeug oder Streichholz. Wer am Osterfeuer steht, kann die Wärme spüren, mitten in dem kalten Morgendunkel. Man kann die Veränderung spüren.

Am Osterfeuer wird die Osterkerze angezündet. Danach wird sie in die nachtdunkle Kirche getragen. Eine einzige kleine Flamme wirkt dann ganz schön hell! Doch das Kerzenlicht wird an alle weitergegeben, so wie die Osterbotschaft weitererzählt wird, bis jeder eine kleine brennende Osterkerze in der Hand hat. Es ist ein kleines Wunder, denn Licht, das geteilt wird, wird nicht weniger, sondern mehr!

### Ostern ist nicht jedes Jahr am selben Datum. Warum?

Schon in der Alten Kirche im Römischen Reich wurde beschlossen, dass das Osterfest immer am ersten Sonntag nach dem ersten Vollmond nach Frühlingsbeginn (21. März) stattfinden soll. Das ist zwar ziemlich umständlich, gilt aber bis heute. Und weil Pfingsten fünfzig Tage nach Ostern stattfinden soll, fällt auch Pfingsten jedes Jahr auf ein anderes Datum.

### Was hat der Osterhase mit der Auferstehung zu tun? Warum bringt er uns Eier?

Zu Ostern sind alle Sinnbilder wichtig, die zeigen, wie neues Leben beginnt – so wie Jesus auferstanden ist. Das Ei ist ein altes Bild für neues Leben, denn schließlich schlüpft aus ihm einmal ein kleines Küken. Deswegen gab es schon im Mittelalter Ostereier, die man bunt färbte.

Warum der Osterhase die Ostereier bringt, ist nicht so einfach herauszufinden. In manchen Gegenden erzählten sich die Menschen auch Geschichten, in denen sogar der Fuchs, der Kuckuck, der Storch oder der Hahn die Eier brachten oder versteckte.

Der Hase aber ist ein Frühlingstier, denn er bekommt als erstes Junge. Vielleicht ist er deswegen zum Ostersymbol, zu einem Symbol für neues Leben geworden? Außerdem war es im Mittelalter üblich, dass die Bauern zu Ostern auch Hasen bei ihren Herren als Steuer abliefern mussten. Diesen Hasen nannte man den Osterhasen.

# SOMMER-SCHÄTZE

Der Rabe Rocco machte eine Pause, legte den Kopf schief und sah das Sonntagskind an.

»Was ist?«, fragte das Sonntagskind. »Erzähl weiter.«

»Warte, warte«, sagte der Rabe Rocco. »Jetzt ist Zeit für einen kleinen Rabenschabernack. Komm her und hilf mir«, krächzte er und deutete mit seinem Schnabel auf einen roten Schalter. »Das ist der Knopf, an dem man die Kirchturmuhr-Glocken zum Klingen und Schwingen bringen kann. Los, drück mal.«

Das Sonntagskind wunderte sich. »Ich soll hier drücken? Aber dann läutet es doch, oder?«

»Genau, genau«, krächzte der Rabe Rocco und kicherte. »Das wird ein Spaß! Alle Leute hören die Glocke und sagen: Zeit für die Mittagspause! Dabei ist es noch längst nicht soweit, ho ho!«

Das Sonntagskind musste lachen.

»Aber du musst dir die Finger fest in die Ohren stecken«, sagte der Rabe streng. »Die Glocke hier ist so laut, dass sie mich aus dem Fenster schleudert, wenn ich nicht aufpasse!«

Also holte das Sonntagskind tief Luft, drückte das Knöpfchen und steckte die Finger in die Ohren. Über den beiden begann die große Glocke sich zu bewegen. Erst schwang sie nur ein bisschen zur Seite, dann immer höher und höher, und es begann zu dröhnen und zu läuten. Die Luft schien zu vibrieren, und das Sonntagskind spürte es tief unten im Bauch, wie die lauten Glockentöne über die Dächer der Stadt verkündeten: »Es ist Mittag!«

Nach einer Weile machte der Rabe mit dem Schnabel ein Zeichen und das Sonntagskind drückte wieder auf den Knopf. Das Gebimmel hörte langsam auf.

Beide sahen sich an und zwinkerten sich zu.

»So«, sagte der Rabe Rocco, »jetzt kommen die Sommerschätze.«

# Himmelfahrt

*Warum feiern wir Himmelfahrt?*
*Wie ist Jesus in den Himmel gefahren?*

In der Bibel wird berichtet, dass Jesus, nachdem er sich seinen Jüngern als Auferstandener gezeigt hat, in den Himmel »aufgefahren« ist. Eine Wolke hat ihn umgeben, und dann war Jesus fort. Der Evangelist Lukas erzählt davon. So hat er klarmachen wollen, dass Jesus zu Gott gegangen ist. Dazu sagt Lukas: Jesus fährt in den Himmel auf.

Im Englischen gibt es zwei Worte für »Himmel«. Man kann »sky« sagen, wenn man den Sternenhimmel über uns meint, und »heaven«, wenn man vom Gotteshimmel spricht. Bei uns heißt beides Himmel, doch verwechseln darf man das nicht. Denn wenn du hörst, Jesus ist »in den Himmel aufgefahren«, dann ist damit ja nicht gemeint, dass er nun auf dem Mond sitzt, sondern dass er bei Gott ist.

Im Himmel, weit weg bei den Sternen, sollen wir ihn nicht suchen. Er ist zwar zu Gott gegangen, aber Gott ist ja auch bei uns Menschen. Der Gotteshimmel ist ja ganz nah. Deswegen hat Jesus zum Abschied gesagt: »Ich bin bei euch bis ans Ende der Welt!« Seinen Jüngern und uns Menschen hat er zum Abschied versprochen, dass die Kraft Gottes bei uns sein wird. Bei uns, nicht im fernen Himmel, nicht in den Sternen.

### Wie haben sich die Menschen früher den Himmel vorgestellt?

Im alten Ägypten stellte man sich den Himmel aus Wasser vor. Schließlich ist er ja auch blau wie das Wasser. Also hat man im Alten Orient geglaubt, der Himmel sei wie ein Regenschirm über der Welt aufgespannt. Sonne, Mond und Sterne fahren auf Schiffen über den Himmel. Sie wurden für Götter gehalten. Und nur die Güte der Götter verhinderte, dass das Wasser durch die aufgespannte Himmelskuppel dringt und alles überschwemmt.
Die Astronomen in der Antike und im Mittelalter glaubten, dass die Erde der Mittelpunkt des Weltalls sei. Sie meinten, die Erde stünde fest, und Sonne, Mond und Planeten umkreisen sie. Sie sind an unsichtbaren Kristallschalen befestigt, die sich drehen kön-

nen. Diese Vorstellung erscheint ja auch logisch: Wenn wir Sonne, Mond und Sterne betrachten, sieht es ja so aus, als würden sie sich am Himmel bewegen, während die Erde still steht. Der berühmteste Astronom, der das Universum auf diese Weise beschrieben hat, war Ptolemäus (90–168 n. Chr.) und deswegen nennt man diese Vorstellung von Himmel und Erde das »ptolemäische Weltbild«.
Dass die Erde sich mit den anderen Planeten um die Sonne dreht, hat Nikolaus Kopernikus (1473–1543) herausgefunden. Zuerst wollte das aber niemand glauben. »Was? Die Menschen und die Erde stehen nicht im Mittelpunkt des Alls? Wie kann dann Gott die Welt vom Himmel aus lenken und regieren? Sind denn nicht die Menschen das Wichtigste der Schöpfung? Dann müssen sie auch im Zentrum der Schöpfung stehen!« So dachten die Menschen damals.

### Wann waren die ersten Menschen auf dem Mond?

Die ganze Welt hat an ihren Fernsehern zugesehen, wie am 20. Juli 1969 die ersten Menschen auf dem Mond landeten. Die Rakete hieß Apollo 11. An Bord waren die drei Astronauten Neil Armstrong, Michael Collins und Edwin Aldrin.

Für uns ist es heute selbstverständlich zu wissen, wie es im Weltall aussieht. Wir kennen viele Science-Fiction-Filme und sind mit Raumschiff Enterprise im Weltall unterwegs. Damals war das alles neu, und erst seit damals wissen wir, wie es im All und auf dem Mond ist: Das All ist eine Wüste, unendlich weit und eiskalt. Dort kann niemand leben. Gott haben die Astronauten jedenfalls nicht im Himmel gefunden.

Aber sie haben etwas anderes entdeckt: Sie haben entdeckt, wie einzigartig die Erde ist. Sie ist wie eine Oase inmitten einer endlosen Wüste. Sie ist die kostbarste Perle im Weltall, auch wenn sie nicht der Mittelpunkt des Universums ist. Wenn wir von dieser Kostbarkeit der Erde sprechen, sagen viele deshalb »Schöpfung« dazu, um zu zeigen: Die Erde ist nicht einfach nur ein x-beliebiger Stern, sie ist ein Wunder. Sie ist einzigartig. Und sie gilt es zu bewahren, weil nur hier Leben möglich ist.

# Pfingsten

Hier kommt mein nächster Sommer-Schatz, ein kleines Stück Fahne, das im Wind flattert. Denn Pfingsten ist das Fest der Bewegung und der Begeisterung. Pfingsten wird fünfzig Tage nach Ostern gefeiert. »Der fünfzigste Tag« heißt auf griechisch »Pentecoste«, und daraus ist das deutsche Wort »Pfingsten« entstanden. Fünfzig Tage nach dem Passah-Fest feierten und feiern bis heute auch die Juden ein großes Fest, das Fest der Getreideernte. An diesem Fest, damals nach Jesu Auferstehung, ist etwas Besonderes passiert.

Die Jünger, Freunde und Freundinnen Jesu, alle waren in Jerusalem in einem Haus zusammengekommen. Sie waren ziemlich verwirrt von dem, was sie erlebt hatten. Jesus hatte sich ihnen gezeigt, aber dann hat er sie doch allein gelassen. Was sollten sie beginnen? Wie sollte es weitergehen? Doch hatte nicht Jesus gesagt, dass er bei ihnen sein wird? Dass sie den Menschen von dem erzählen sollten, was sie erfahren hatten? Und so spürten sie neue Kraft, liefen auf die Straße und es packte sie alle eine Begeisterung und sie begannen, ihre Erlebnisse mit Jesus zu erzählen. Nun geschah ein Wunder: Alle Menschen verstanden sie, egal aus welchem Land sie kamen. Lukas erzählt die Geschichte folgendermaßen:

*Als der Tag für das Pfingstfest gekommen war, waren sie alle zusammen am gleichen Ort. Da erhob sich plötzlich vom Himmel her ein Brausen wie von einem daherfahrenden gewaltigen Sturm und erfüllte das ganze Haus, in dem sie waren. Es erschienen ihnen Zungen wie von Feuer, die sich verteilten und einzeln herabsenkten auf einen jeden von ihnen. Und alle wurden erfüllt von Heiligem Geist.*

*In Jerusalem waren viele gottesfürchtige jüdische Menschen, aus jedem Volk unter dem Himmel. Als sich nun dieses Brausen erhob, lief die Menge zusammen und wurde bestürzt, denn es hörte jeder die Jünger in seiner Sprache reden. Sie gerieten außer sich und sagten voll Staunen: »Sind sie denn nicht alle aus Galiläa? Wie aber hören wir, ein jeder von uns in der eigenen Sprache, in der wir geboren sind?«*

# Sommerurlaub

Hier habe ich eine Muschel, die mich an das Meer erinnert. Jeder will im Sommer hinaus in die weite Welt, am besten ans Meer, du sicher auch! Hauptsache, frische Luft um die Nase. Hauptsache, die Welt entdecken. Hauptsache, neue Länder, neue Städte, neue Landschaften sehen.

*Wem gehören eigentlich die Berge, das Land und das Meer?*

Wem gehört eigentlich die Welt? Schwer zu sagen. Wem gehören die bunten Blumen auf den Wiesen und der blaue Himmel? Wem gehören die Berge, das weite Meer oder der Duft im Wald? Wem gehören die Fische, die Vögel, die Kühe, die Hunde und Katzen? Natürlich kannst du sagen: dein Hamster gehört dir und die Kuh dem Bauern. Aber irgendwie gehören die Tiere auch sich selbst und die Welt allen gemeinsam: Jeder darf sich daran freuen und darin leben und spielen.

Wenn wir von der Welt als »Schöpfung« reden, meinen wir genau das, dass alles, was ist, nicht uns gehört, sondern von Gott kommt. Er hat die Welt geschaffen, wie er uns geschaffen hat. Die Welt ist ein großes Geschenk.

Doch das Geschenk der Schöpfung ist nur geliehen. Auch in hundert Jahren sollen noch Kinder und Raben wie du und ich darin spielen können. Wir sind für die Welt verantwortlich.

Die Menschen tun oft so, als gehöre ihnen die Welt allein und sie könnten damit tun, was ihnen gefällt. Aber das ist nicht so. Die Welt kann leicht zerstört werden. Wir alle sind für dafür verantwortlich, dass sie bewahrt wird.

### *Geht Gott mit auf die Reise?*

Gott ist auch bei uns, wenn wir unterwegs sind. Daran soll uns der Reisesegen erinnern. Segen ist ein Versprechen, dass Gott mit uns ist und uns behütet. Segen soll Kraft geben von Gott. Ein besonders alter Segen steht in der Bibel und wird auch jeden Sonntag in der Kirche gesagt:

> *Der Herr segne dich und behüte dich.*
> *Der Herr lasse sein Angesicht leuchten über dir und sei dir gnädig.*
> *Der Herr hebe sein Angesicht auf dich und gebe dir Frieden.*

Es gibt auch andere Segenssprüche, die man einander sagen kann, zum Beispiel wenn man auf eine Reise geht. Das hier ist ein Segensspruch aus Irland:

*Möge die Straße dir entgegeneilen. Möge der Wind immer in deinem Rücken sein. Möge die Sonne warm auf dein Gesicht scheinen und der Regen sanft auf deine Felder fallen. Und bis wir uns wiedersehen, halte Gott dich in der Mitte seiner Hand.*

# HERBST-SCHÄTZE

»Es ist schon Nachmittag geworden!«, rief der Rabe Rocco und stupste das Sonntagskind zum Fenster. »Schau!«

Das Sonntagskind reckte sich und streckte sich und blickte durch das kleine Fenster in das warme, gelbe Licht der Nachmittagssonne. »Am Nachmittag wird mir manchmal ein bisschen wehmütig ums Herz«, meinte das Sonntagskind leise wie zu sich selbst.

Doch der Rabe Rocco hatte gute Ohren. »Wehmut tut gut«, krächzte er vergnügt. »Den Tag über kann man Bilder und Abenteuer sammeln, damit man sich am Abend daran erinnern kann, wie schön der Tag gewesen ist! Genauso wie ich das ganze Jahr über Schätze sammle, damit ich mich im Winter, wenn es draußen kalt und grau ist, in meinem Turm daran erinnern kann! Schau, jetzt habe ich nur noch wenige Schätze, meine Herbst-Schätze!«

»Der Herbst ist auch eine wehmütige Jahreszeit«, sagte das Sonntagskind. »Da braucht man auch schöne Schätze für das Haus, um sich im Winter zu erinnern, was im letzten Jahr gewesen ist.«

»Oh, ja, ja«, sagte der Rabe Rocco, »der Herbst ist Sammelzeit. Schau nur, hier habe ich noch einen kleinen Kürbis gesammelt. Oh, er ist schon ein wenig eingeschrumpelt. Und hier habe ich ein kleines rotes Grablicht, das ist etwas ganz Besonderes! Und hier eine kleine blau-rote Laterne, die mir ein Kind beim Martinszug geschenkt hat. Warte, ich erzähle es dir genauer…«

# Erntedank

Mein erster Herbst-Schatz ist ein kleiner trockener Kürbis, wie er im Herbst geerntet wird. Im Oktober ist die Ernte eingefahren, und wenn du jetzt auf den Markt gehst, siehst du frische Kürbisse, Kohlköpfe, Kartoffeln, Äpfel, Birnen und noch viel mehr. Der Herbst ist Erntezeit. Früher war es für die Menschen noch viel wichtiger als heute, dass sie eine gute Ernte hatten. Im Winter war das Essen oft knapp, wenn das Sommerwetter nicht günstig gewesen war. Daher war das Erntedankfest für die Menschen ein wichtiges Fest im Jahr, um Gott zu danken, dass es Essen und Trinken gibt.

Essen und Trinken gehören zu den wichtigsten Dingen im Leben, auch wenn wir das meistens nicht merken. Schließlich essen wir jeden Tag, morgens, mittags, abends und vielleicht noch zwischendurch. Doch dass wir genug zum Essen haben, ist nicht selbstverständlich, schließlich wächst das Essen ja nicht in der Pappschachtel, in der wir es im Supermarkt kaufen. Zuviel Regen kann die Ernte auch heute noch verderben, zuviel Sonne sie verbrennen. Krankheiten können Kühe, Schafe und Schweine sterben lassen. Und in vielen Ländern gibt es zu wenig Wasser, um genug Nahrungsmittel für alle anzubauen.

### *Wie wird das Erntedankfest heute gefeiert?*

Das Erntedankfest ist ein Fest, um Gott zu danken. In vielen Kirchen ist der Altar mit Obst und Gemüse geschmückt. Gott soll Dank gesagt werden, dafür, dass wir so viele gute Sachen zum Leben haben. Denn das ist nicht selbstverständlich.
Nicht nur für Essen und Trinken kann Dank gesagt werden, sondern auch für viele andere Dinge, die wir das Jahr über erlebt und gesammelt haben: Erinnerungen, Freunde, Spiele, Wissen, Familie, Freude und Traurigkeit und noch vieles mehr. Du sagst sicher auch oft ganz automatisch »Gott sei Dank!« Am Erntedanktag soll Gott einmal im Jahr ganz bewusst Danke gesagt werden, Danke für alle diese Sachen, Erlebnisse und Menschen, die wir zum Leben haben.

# Allerheiligen

Hier habe ich ein kleines rotes Grablicht. Es gehört zum Allerheiligen-Fest. Mitten im Herbst gibt es ein altes Fest, das vor allem in der katholischen Kirche große Bedeutung hat, das Allerheiligen-Fest. Es erinnert daran, dass alle Christen eine große Gemeinschaft sind, die Gemeinschaft der »Heiligen«. So werden die Menschen, die an Jesus Christus glauben, schon in der Bibel genannt. Wir alle sind die »Gemeinschaft der Heiligen«, diejenigen, die vor uns gelebt haben, diejenigen, die jetzt leben und diejenigen, die nach uns leben werden.

### Was sind Heilige?

In der katholischen Tradition werden als »Heilige« besonders vorbildhafte Menschen verehrt und viele Katholiken beten auch zu diesen Heiligen. Die evangelische Kirche meint: Es ist zwar gut, Vorbilder zu haben, doch beten soll man nur zu Gott. An die Vorbilder kann man sich aber erinnern, weil sie uns für unser eigenes Leben Mut machen können.

### Warum gehen die Leute an Allerheiligen auf den Friedhof?

In vielen katholischen Gemeinden stehen am Allerheiligentag nach dem Gottesdienst oder am Nachmittag viele Menschen auf dem Friedhof, neben den Gräbern ihrer Familie. Die Glocken läuten. Zu den Gräbern wird ein Licht gebracht und dorthin gestellt. Damit wird gezeigt: Die Lebenden und die Toten gehören zusammen. Wir erinnern uns an unsere Großeltern, an unsere Urgroßeltern, an gestorbene Freunde und Verwandte. Sie gehören zu uns und zu unserem Leben immer noch dazu.

# Sankt Martin

Hier ist mein vorletzter Herbst-Schatz, eine kleine Laterne. »Ich geh mit meiner Laterne und meine Laterne mit mir!« Dieses Lied kennst du doch sicher! Martinsumzüge finde ich lustig und schön. Die Lichter der bunten Laternen leuchten in die dunkle Herbstnacht. Ein bisschen weihnachtlich wird es schon ums Herz. Woher der Brauch kommt, mit den Laternen zu gehen, weiß keiner genau. Vielleicht kommt er daher, dass früher zu Beginn des Winters, wenn die Tage kürzer werden, alle Menschen, wenn sie auf den Markt gegangen sind, eine Laterne vor sich hertrugen.

### Wer war der heilige Martin?

Martin wurde wahrscheinlich im Jahr 317 geboren, zur Zeit der Römer. Als er fünfzehn Jahre alt war, wurde er Soldat, wie viele römische Bürger zu seiner Zeit. Martin hatte von Jesus schon allerhand gehört und fand ihn faszinierend. Wie er mit Menschen umgegangen ist, wie er gezeigt hat, dass Gottes Friedensreich unter den Menschen schon angebrochen ist.

Eines Tages sollten die römischen Soldaten nach Frankreich ziehen. Martin zog auch mit. Als er durch das Stadttor von Amiens ritt, saß dort ein Bettler und zitterte vor Kälte. Weil Martin ein gutes Herz hatte, wollte er dem Bettler etwas Geld geben – doch sein Geldbeutel war leer. Da dachte er nicht lang nach, zückte sein Schwert, schnitt seinen Umhang in zwei Teile und gab einen Teil dem Bettler.

In der Nacht träumte Martin von Jesus. Jesus sprach zu ihm: »Du hast verstanden, was ich will. Du hast verstanden, was ich meinen Jüngern gesagt habe: Was ihr für einen meiner Brüder und Schwestern tut, das habt ihr mir getan.« Und Martin beschloss, sich taufen zu lassen und nicht mehr länger Soldat zu sein. Er ging zum Kaiser und gab ihm sein Schwert zurück. Das hatte noch niemand gesehen! Das war gefährlich und konnte das Leben kosten! Aber Martin geschah nichts und ab jetzt lebte er für sich allein und wurde als guter Mensch bekannt.

Eines Tages brauchte die französische Stadt Tours einen neuen Bischof. Die anderen Bischöfe, die zusammengekommen waren, um darüber zu entscheiden, überlegten lange hin und her, doch die Leute aus der Stadt wollten alle Martin als neuen Bischof haben. Die anderen Bischöfe kannten Martin aber nur als armen Mann, der als Einsiedler alleine wohnt. Deswegen fanden sie, er sei nicht würdig, ein so wichtiges Amt zu übernehmen. Doch die Leute aus der Stadt setzten sich durch.

Aber als sie Martin holen wollten, um ihn zum Bischof zu machen, war er verschwunden. Er hatte sich im Gänsestall versteckt. Er fand, er sei nicht so wichtig und nicht so gut, dass er Bischof werden sollte. Doch die Gänse schnatterten laut, als sie den ungebetenen Gast in ihrem Stall bemerkten und verrieten ihn dadurch. So fanden die Leute von Tours Martin – und er wurde ihr Bischof. Er soll übrigens ein sehr guter und weiser Bischof geworden sein.

### *Woher kommt die Martinsgans?*

Am Martinstag, am 11. November, essen viele Menschen eine Gans. Dafür gibt es zwei Erklärungen: Die eine sagt: Die Gänse erinnern an die vorlauten Gänse aus der Martinslegende. Die andere Erklärung sagt: Wie an Ostern die Bauern Hasen ihrem Herren als Steuer abgeben mussten, so mussten sie im Herbst, zum Martinstag, eine Gans abgeben. Deshalb gab es in dieser Zeit oft frische Gänse.

# Ewigkeitssonntag

Mein letzter Herbst-Schatz ist ein buntes Blatt. Jetzt im Herbst kann man besonders spüren, wie die Zeit vergeht und die Welt sich mit der Zeit verändert. Erst sind die Blätter bunt geworden. Dann sind sie abgefallen. Jeder Tag ist ein bisschen kürzer als der vorige. Das Jahr neigt sich dem Ende zu. Der Herbst ist eine Zeit des Abschiednehmens.

Der letzte Sonntag vor dem Advent heißt Ewigkeits-Sonntag oder Totensonntag. Es ist vor allem ein evangelischer Feiertag. Er erinnert daran, dass die Zeit vergeht. Und er erinnert an unsere Lebenszeit, die mit der Zeit vergeht. Und genau wie der Allerheiligentag erinnert er an unsere gestorbenen Verwandten und Freunde. Menschen werden geboren und sterben. Beides gehört zum Leben. Wir werden jeden Tag ein bisschen älter, jeden Tag ein bisschen größer, bis wir erwachsen sind. Und wenn wir erwachsen sind, lernen wir immer weiter neue Dinge kennen, bekommen vielleicht selbst Kinder und werden irgendwann sterben.

Niemand weiß, wann er oder sie sterben muss. Du und ich, wir wissen nicht, wie lange unser Leben ist. Der Ewigkeitssonntag ist ein Erinnerungstag daran, dass Sterben zum Leben gehört. Sterben macht uns zwar Angst, weil wir nicht genau wissen können, wie es ist und was danach kommt. Wir können aber hoffen und auf die Zusage Gottes hören, dass er uns auch beim Sterben und im Tod nicht allein lässt.

Sterben gehört zum Leben und mit den Gestorbenen bleiben wir verbunden. Deswegen werden in vielen Gemeinden am Ewigkeitssonntag in der Kirche die Namen derjenigen vorgelesen, die im vergangenen Jahr gestorben sind.

Der Ewigkeitssonntag ist der letzte Sonntag vor dem Advent. Dann wird wieder eine Kerze angezündet, und wieder beginnt die Hoffnung zu wachsen. Jedes Jahr kannst du die Schätze der Zeit wieder von vorne erleben …

Draußen war die blaue Stunde angebrochen, die Dämmerung träumte schon über den Dächern und zwei kleine Sterne schimmerten am Himmel. Es war Zeit, zu gehen. Der Rabe Rocco sah nachdenklich vor sich hin. Das Sonntagskind schwieg und sah noch einmal die ganzen bunten kleinen Schätze des Raben an, den Kerzenstummel, den goldenen Stern, das Kalenderblatt, die kleine Krone, die rote Pappnase, den kleinen Zweig mit den Knospen, die Ostersonne, die kleine Wolke, das Stück Fahne, die Muschel, den kleinen Kürbis, das Grablicht und das Herbstblatt.

»Danke«, sagte das Sonntagskind. »Vielen, vielen Dank für deine Schatzgeschichten.«

Rocco wurde ein wenig rot, soweit man bei einem kohlrabenschwarzen Raben davon sprechen kann. »So – ho ho, gern geschehen. Ich habe mir jetzt aber den Schnabel fusselig geredet – ho ho – was bin ich müde.«

»Ich muss ja auch gehen«, sagte das Sonntagskind, »denn wenn es dunkel ist, muss ich zuhause sein.«

»Es war schön mit dir, mein liebes Sonntagskind«, krächzte der Rabe Rocco und gähnte laut, »Und – du weißt ja jetzt, wo du mich finden kannst – oh gute Nacht – ich muss mich verabschieden –«

Und der große schwarze Rabe murmelte noch ein wenig vor sich hin, doch er hatte den Kopf schon unter die Flügel gesteckt, und das Sonntagskind konnte nichts mehr verstehen. Vielleicht war er schon eingeschlafen?

Leise stand es auf und schlich zur Treppe.

»Bis bald«, flüsterte das Sonntagskind, hopste die zweihundertvierundsiebzig Stufen herab und schob behutsam die alte Tür hinter sich zu.